CATALOGUE

D'OBJET D'ART ET DE CURIOSITÉ,

Meubles de Boule et de Riesner, Glaces à cadres sculptés, Pendules et Candélabres anciens, Coupes, Feux en cuivre doré, Bronzes anciens, Bronzes Florentins, Porcelaine de Sèvres, de Saxe et de Chine, Pièces richement montées en cuivre doré, Emaux, Ivoires, Tableaux, etc.

PROVENANT DES MAGASINS DE M. BRESSON,

MARCHAND DE CURIOSITÉ,

DONT LA VENTE AURA LIEU

POUR CAUSE DE CESSATION DE COMMERCE,

Les Lundis 5, Mardi 6 et Mercredi 7 Décembre 1836, matin et soir.

HOTEL DES VENTES MOBILIÈRES,

Grande Salle N° 1, place de la Bourse, N° 2.

EXPOSITION PUBLIQUE,

Le Dimanche 4 Décembre, de midi à cinq heures.

LES ADJUDICATIONS SERONT FAITES,

Par Mrs BONNEFONS DE LAVIALLE et TOURNAIRE, Commissaires-Priseurs, rue de Choiseul, n° 11, assistés de M. ESCUDIER, Marchand de Curiosités, quai Voltaire n° 19, chez lesquels se distribue le présent Catalogue.

1836.

CONDITIONS DE LA VENTE.

Il sera perçu cinq pour cent au-dessus des enchères, applicables aux frais.

IMPRIMERIE DE J.-A. BOUDON,
Rue Montmartre, 131,

CATALOGUE.

MEUBLES.

1 Une glace dans une magnifique bordure de bois sculpté et doré du plus bel effet. Du bas partent deux cornets d'où sortent de grandes feuilles d'acanthes qui se prolongent sur les montans et dans lesquels sont placés des enfans qui s'y jouent ; au cul-de-lampe est la Vérité et deux enfans allégoriques qui arrêtent deux aigles voulant prendre leur essor. Le tout est surmonté du Temps soulevant une draperie. Cette bordure, du temps de Louis XIII, est la plus belle que l'on ait vue : les fleurons en sont d'une hardiesse extrême, et les figures du Temps et des enfans sont d'un beau travail.

2 Une idem du même temps, avec riche bordure en bois sculpté et doré, à fleurons, surmontée d'enfans dont les 4 saisons, les 4 élémens et autres allégories. Hauteur, total : 6 pieds 3 pouces ; largeur, trois pieds 8 pouces.

3 Un bureau en marqueterie de boule, écaille noire et cuivre. Deuxième partie dessus à frise, pieds de biche, ornés de sabots et têtes de satyre, encadrement et quart de rond en bronze, en couleur. Longueur, 5 pieds 2 pouces ; larg. 3 pieds.

4 Deux bibliothèques cintrées du haut, en bois de rose, portes à glace, moulures en cuivre doré.

5 Deux meubles à une porte en marqueterie de cuivre sur ébène, richement ornée de bronze en couleur, dessus de marbre noir. Hauteur, 3 pieds 11 pouces ; largeur, 2 pieds 11 pouces.

6 Deux id. id.

7 Une commode de Riesner à portes en bois de rose, à qua-

drille, richement ornée de bronzes dorés, dessus en marbre blanc. Longueur, 4 pieds 6 pouces.

8 Une idem idem un peu moins riche.

9 Un bureau à 8 pieds et à entre-jambe en marqueterie, ébène et cuivre. Longueur, 5 pieds 8 pouces.

10 Deux petits secrétaires de dame en bois de rose, garnis de cuivre, rocaille en couleur (vendu séparément).

11 Un bureau carré avec casier et corps de tiroirs en marqueterie de bois. Longueur, 5 pieds 8 pouces.

12 Deux encoignures en bois de palissandre ornées de bronzes rocailles dorés, dessus de marbre blanc.

13 Deux fauteuils très riches du temps de Louis XIV, en bois sculpté et doré, couvert en damas cramoisi.

14 Une très grande commode, du temps de Louis XV, en bois d'amaranthe, richement garnie de bronzes en couleur, chutes à figures d'après Wateau, dessus de marbre Ste-Anne. Longueur, 5 pieds; profondeur, 2 pieds 4 pouces.

15 Une console en ébène à entrejambe, garnie de cuivres dorés, dessus de marbre blanc incrusté de marbre d'échantillon. Long. 4 pieds 5 pouces; hauteur, 5 pieds.

16 Un fort piédestal en ébène et marqueterie; deuxième partie ornée de bronze en couleur. Hauteur, 4 pieds 6 pouces; larg. 2 pieds 1 pouce.

17 Un bureau de forme cintrée, la face et les côtés en marqueterie à fleurs en palissandre, sur bois de rose, chutes, sabots, encadrement et quart de rond en bronze doré. Le casier dudit bureau de même forme, les portes grillées. Longueur, 5 pieds 4 pouces; largeur, 2 pieds 5 pouces.

18 Deux petits meubles en ébène à portes et côtés en laque noir et or du Japon, ornés de bronzes dorés, dessus de marbre brèche d'Alep. Hauteur, 2 pieds 9 pouces; largeur 2 pieds 6 pouces.

19 Un bureau à pieds de biche en bois satiné, marqueté, à

fleurs, en bois de palissandre, orné de bronzes en couleur. Longueur, 3 pieds; largeur, 1 pied 10 pouc.

20 Une jolie table de forme contournée, dessus en marqueterie de bois de rose et fleurs en bois de palissandre avec tablettes à coulisse pour écrire, chutes, sabots et poignées en bronze en couleur. Long. 2 pieds 11 pouc.; larg. 1 pied 7 pouces.

21 Un bureau à pieds de biche en bois d'amaranthe, orné de bronzes en couleur. Longueur, 5 pieds ; larg. 2 pieds 6 pouces.

22 Deux encoignures en marqueterie de bois, trophées de musique, marbre brèche d'Alep.

23 Un bureau à pieds de biche en palissandre, orné de bronzes en couleur. Longueur, 6 pieds; larg. 3 pieds.

24 Un petit bureau à abattant en marqueterie de bois, orné de bronzes rocailles en couleur.

25 Une forte commode du temps de Louis XV, en bois de palissandre, richement ornée de bronzes en couleur, dessus de marbre de Flandre. Long. 4 pieds 4 pouces; profondeur, 1 pied 11 pouces.

26 Un bureau carré en bois satiné, consoles et encadremens à feuilles en bronze doré. Longueur, 5 pieds ; largeur, 2 pieds 8 pouces.

27 Un guéridon en porcelaine du Japon sur un pied ouvrage de tour, en palissandre et citron.

28 Un bureau carré en bois de rose, encadremens à baguettes en bronze en couleur. Longueur, 3 pieds 6 pouces; largeur, 1 pied 10 pouces.

29 Un miroir de toilette en marqueterie de boule; première partie forme contournée.

30 Un petit coffret à pans coupés, en marqueterie de boule dessus à pelote de velours.

31 Un encrier marqueterie de boule; première partie bronze en couleur.

32 Plusieurs bureaux, commodes, encoignures, tables à ou-

vrages, consoles, coffres, etc., etc. Le tout en bois de rose et marqueterie de bois, garnis de bronzes dorés et non dorés seront détaillés sous ce numéro.

PENDULES.

33 Une grande pendule en bronze doré au mat, forme de vase anses à lion, mouvement à cadran tournant.

34 Deux vases en bronze doré mat, le corps forme œuf avec larges fleurons formant les anses gorges à cannelures et gaudrons.

35 Une belle pendule du temps de Louis XVI, style de Gouttière, en bronze doré au mat avec volutes, feuilles d'ornemens et guirlandes de fleurs, surmontée d'une cassolette à têtes de béliers; socle en marbre griotte, mouvement de Robin. Hauteur, 2 pieds 1 pouce; largeur, 1 pied 7 pouces.

36 Une pendule en bronze doré, supportée par un lion, socle à draperie. Hauteur, 1 pied 10 pouces; larg., 1 pied.

37 Une belle pendule de boule en marqueterie, première partie ornée de bronzes dorés. Haut. 2 pieds 6 pouces; larg., 1 pied 8 pouces.

38 Une jolie pendule en marqueterie, fond cuivre, filets étain et écaille, ornemens dorés, cadran à cartouches. Haut. 1 pied 9 pouces.

39 Une pendule de boule, forme contournée, richement garnie de bronzes dorés, surmontée d'un enfant tenant la foudre; côtés en marqueterie; écaille noire et cuivre; deuxième partie.

40 Une idem idem la marqueterie; première partie.

41 Une pendule forme S et son support en marqueterie, bronze en couleur, mouvement de Fortin.

42 Une pendule et console à têtes de béliers en marqueterie, écaille et cuivre bronze en couleur (forme peu ordinaire).

43 Une grande pendule forme S et son support en marqueterie, écaille, noir et cuivre, la pendule surmontée d'une Minerve, les bronzes en couleur.
44 Une pendule forme et son support en marqueterie, surmontée d'un amour, bronzes en couleur.
45 Une jolie pendule en marqueterie, écaille, cuivre et étain, première partie, cadran en cuivre gravé et doré, ornemens de bronzes dorés. Haut. 1 pied 8 pouces sur 11 pouces.
46 Un régulateur, du temps de Louis XV, en bois de rose marqueté, sur le devant, de fleurs en bois de palissandre, et sur les côtés à losange en bois de rose et de palissandre, richement orné de bronzes en couleur. Haut. 7 pieds.
47 Un idem, idem, moins riche, Hauteur, 7 pieds 4 pouces
48 Un régulateur en bois de rose, forme de pendule à gaine, orné de bronzes en couleur, surmonté d'une figure d'Hercule. Haut. 6 pieds 6 pouces.
49 Une jolie pendule représentant un char en bronze doré avec figures, chevaux et attributs, en porcelaine de Saxe, mouvement à jour. Haut. 1 pied 11 pouces; long 1 pied 11 pouces.
50 Une pendule de boule en bronze doré, surmontée d'une figure d'Uranie. Haut. 2 pieds.
51 Une pendule en bronze doré, forme pyramide, surmontée d'une sphère. Haut. 1 pied 10 pouces.
52 Uune pendule en bronze doré mat (Diane chasseresse).
53 Une pendule à huit colonnes, en marbre sérancolin, avec couronnement à guirlandes de fleurs et fruits en bronze doré mat, mouvement à jour. Haut. 1 pied 6 pouces; largeur 11 pouces.
54 Une petite pendule en bronze doré, amour assis tenant ses attributs.

55 Une pendule rocaille, surmontée d'une corbeille de fleurs, bronze en couleur.
56 Une petite pendule, fût de colonne cannelé, surmontée de tourtereaux en bronze doré.
57 Une petite pendule à console de boule, en bronze doré, mouvement à tirage.
58 Une pendule de bureau, de forme ronde, du temps de Louis XIII, en cuivre doré, sujet de la chasse à l'ours, gravé autour du bandeau.
59 Un cartel en bronze doré, avec guirlandes de fleurs et fruits et deux ailes déployées, symbole du temps.
60 Un porte-montre en marqueterie, bronze en couleur. Plusieurs pendules divisées sous ce numéro.

CANDÉLABRES.

61 Une paire de candélabres à trois lumières, en bronze doré mat, branches avec cornets, à fruit portées par des femmes; socles à guirlandes de fleurs. Haut. 2 pieds 2 pouces.
62 Une paire de candélabres à trois lumières, en bronze doré, bouquets de roses et tulipes dans des vases en bronze doré.
63 Une paire de candélabres à trois lumières, socles et branches rocaille en bronze doré, figures de vielleuse et joueur de musette en porcelaine de Saxe. Haut. 1 pied 11 pouces.
64 Une paire de candélabres à trois lumières, branches de lys et socles rocaille doré, tronc d'arbre avec enfants en porcelaine de Chine. Haut. 2 pieds 3 pouces.
65 Une paire de candélabres à trois lumières, branches et socles rocailles dorés en or moulu, double figures de chinois en porcelaine, vêtemens riches. Haut. 1 pied 5 pouces.
66 Une paire de candélabres à trois lumières à vases, avec

anses à serpens, tout en bronze doré or moulu. Haut. 2 pieds 4 pouces.

67 Une paire de candélabres à trois lumières, bouquets de lys et socles cannelés en bronze doré, figures de femme en bronze. Haut. 2 pieds 5 pouces.

68 Une paire de candélabres à trois lumières, bouquets de roses et tulipes avec fûts de colonnes cannelées en bronze doré, enfants en bronze. Haut. 2 pieds 11 pouces.

69 Une paire de candélabres à trois lumières, bouquets de lys en bronze doré dans des vases en porcelaine, fond rose, sujets à figures avec têtes de béliers et piédouches en bronze doré.

70 Une paire de candélabres à trois lumières et socles à six pans, en bronze doré, figures de vielleuse et joueur de musette en porcelaine de Saxe. Haut. 1 pied 9 pouces.

71 Une paire de candélabres à trois lumières, bouquets de tulipes et de roses et fûts de colonnes en bronze doré, figures de satyres en bronze.

72 Une paire de candélabres en bronze doré, bouquets de lys à trois lumières, portés par des amours en bronze. Haut. 1 pied 10 pouces.

73 Une paire de candélabres à deux lumières, branches rocaille et socles à tors de lauriers en bronze en couleur, figures de berger et bergère, en porcelaine de Saxe. Haut. 1 pied 3 pouces.

74 Une paire de girandoles de table, en bronze doré gaines à trois enfants, surmontée d'une corbeille de fruits. Haut. 1 pied 6 pouces.

75 Une paire de girandoles à trois lumières, dorées or moulu, pieds à guirlandes de chêne.

76 Une paire de petites girandoles à deux lumières, en bronze doré, pintades en porcelaine de Saxe.

77 Deux flambeaux de bureau rocaille, à deux lumières, en bronze doré.

78 Deux flambeaux en bronze doré mat, amour portant une branche de tulipes, socles en marbre blanc.
79 Deux flambeaux rocaille, groupe d'enfants en bronze doré.
80 Deux flambeaux en bronze doré, bacchantes accroupies.
81 Un lustre de boule à six lumières, bronze en couleur.
82 Une lampe rocaille à huit lumières, en bronze doré.
83 Plusieurs paires de bras de cheminée rocaille en bronze doré qui seront divisés.

OBJETS EN BRONZE DORÉ.

84 Deux vases forme d'œuf, anses à serpents.
85 Une paire de feux rocaille, figures d'enfants, les quatre élémens. Haut. 1 pied 6 pouces.
86 Une paire de cassolettes de forme ronde, grandes et riches, pieds en cariatides portant huit lumières.
87 Cinq lanternes à cinq pans du temps de Louis XV (vendu une à une).
88 Deux coupes sur pieds à cariatides, style de la renaissance et de Louis XIV, mélangé.
89 Un encrier, feuilles de lierre, à trois godets.
90 Un encrier, feuilles de vigne, à trois godets.
91 Un miroir de Boule, forme cintrée du haut.
92 Une petite cheminée du temps de Louis XV et petits amours en porcelaine de Saxe.
93 Un support ou console avec volutes à médaillons avec têtes de femme.
94 Plusieurs paires de presse-papier, détaillé pour ce numéro.
95 Un joli coffret en filigrane de cuivre doré, renfermant deux boîtes à thé et un sucrier en émail d'Allemagne, sujets de paysages avec figures.
96 Un ostensoir du temps de Louis XIII, en cuivre doré et corail.

97 Deux jardinières en bronze, trépied à cygnes, ornemens dorés.
98 Deux vases Médicis en bronze, ornemens dorés.

BRONZES COULEUR FLORENTINE.

99 Un groupe, l'Amour et Psyché.
100 Deux groupes en bronze, l'un l'enlèvement de Proserpine par Pluton et l'autre celui d'Orithie par Borée, sur socle rocaille, en bronze, en couleur.
101 Une paire de vases, couleur médicis, piédouches à feuilles, culots à gaudrons, feuilles de lierre au bandeau, quart de rond à feuilles, anses à volutes et têtes de béliers. Haut. 1 pied 8 pouces.
102 Un groupe de trois amours luttant, socle rocaille en bronze doré or moulu. Haut. 1 pied 5 pouces.
103 Un groupe satyres, femme et enfans.
104 Deux bustes, Racine et Lafontaine.
105 Deux bustes, Molière et Corneille, grandeur naturelle.
106 Un amour tenant un flambeau, socle en bronze doré.
107 Deux aiguières avec jeu d'enfans en relief.
108 Deux groupes enfants et bouc monté sur pied, rocaille en bronze doré.
109 Un groupe, amours se disputant un cœur, sur joli socle en marqueterie de Boule, orné de bronze doré.
110 Un cheval et un taureau, socle en bois noir.
111 Deux statues équestres, Henri IV et Louis XIV, sur socles en ébènes garnis de bronze doré.
112 Deux bronzes, le Bacchus et la Vénus Pudique.
113 Deux groupes sur socle de marbre griote représentant le roi d'Aragon et son barbier.

1.º Le roi d'Aragon sachant que son barbier était d'une conspiration et qu'il devait attenter à sa vie, feint d'avoir envie de le raser à son tour.

2.º Le barbier s'est prêté à l'envie du roi. Le roi.

en repassant son rasoir lui raconte ce qu'il sait de la conspiration, lui prêtant d'autres noms et d'autres lieux, le barbier paraît être dans une grande inquiétude.
114 Deux petites coupes sur pieds à cariatides ailés, style de la rénaissance mélangé avec celui de Louis XIV.
115 Deux aiguières le corps à côtes, les anses à dauphins.
116 Une paire de coups, le pied avec groupes d'enfants, l'abondance, la pêche et la chasse, anses à serpents en bronze doré.
117 Le flûteur.
118 Un enfant assis.
119 L'avare et la bohémienne, socle en bronze doré.
120 Un gladiateur combattant.
121 Mercure au repos et l'Apoline.

BRONZES ANCIENS.

122 Deux chevaux Pégase portant Mercure et la Renommée, copie réduite de Cossevox au pont tournant.
123 Vénus et l'Amour sur socle, en marqueterie de boule, orné de bronze doré.
124 Une statue équestre, Louis XIV, sur socle en marqueterie.
125 Une id. id. Louis XV, sur socle en acajou.
126 Une id. id. Henri IV.
127 Une id. id. Louis XV.
128 Le tireur d'épines.
129 Bonaparte, 1er consul; première camp. d'Italie.
130 Neptune.
131 Quantité de figures, bustes et objets divers, divisés sous ce numéro.

PORCELAINE DE SÈVRES, PATE TENDRE.

132 Deux vases fond bleu, turquoise; médaillons à figures,

montés avec anses à têtes de satyres et branches de vigne, socle à tort de lauriers et gorge en bronze doré. Haut. 12 pouces.

133 Une jardinière ovale, fond bleu de roi, à quadrilles en or, médaillons à enfans et paysages camayeux rose, anses à fleurons blancs, montés avec socle et gorge rocaille doré.

134 Deux petits vases, fond vert, à doubles cartouches, avec enfans d'après Boucher, montés en bronze doré.

135 Deux petits pots pourris, bleu turquoise, médaillons à figures, genre pastoral, anses et gorge rocaille en bronze doré. Haut. 6 pouces.

136 Une jardinière forme éventail, rubanée de vert, enfant d'après Boucher, montée rocaille en bronze doré, anses à dragons (fracturée).

137 Une jardinière ronde fracturée, fond bleu turquoise, médaillons à figures d'un grand fini, montée rocaille, anses à dragons en bronze doré.

138 Une cassolette ovale, bord vert à œil de perdrix avec oiseaux, montée sur pied à dauphins, et anses à dragons en bronze doré. Haut. 12 pouces; larg. 16 pouces.

139 Une écuelle bleu de roi, œil de perdrix et guirlandes en or, cartouches à paysages.

140 Une écuelle plateau, à anses et fond écaille de poissons, cartouches à bouquets de rose.

141 Une écuelle bord bleu à poste, feuilles de lauriers en or et fleurs.

142 Une écuelle bleu de Vincennes, cartouches à oiseaux coloriés, entourage rocaille en or.

143 Une écuelle plateau à anses, fond bleu de roi, arabesques en or, cartouches à fleurs.

144 Une écuelle à filet bleu et bouquet.

145 Un cabaret composé de 12 tasses forme bol, à anses, deux pots au lait, un bol, une théyère, un sucrier fond bleu

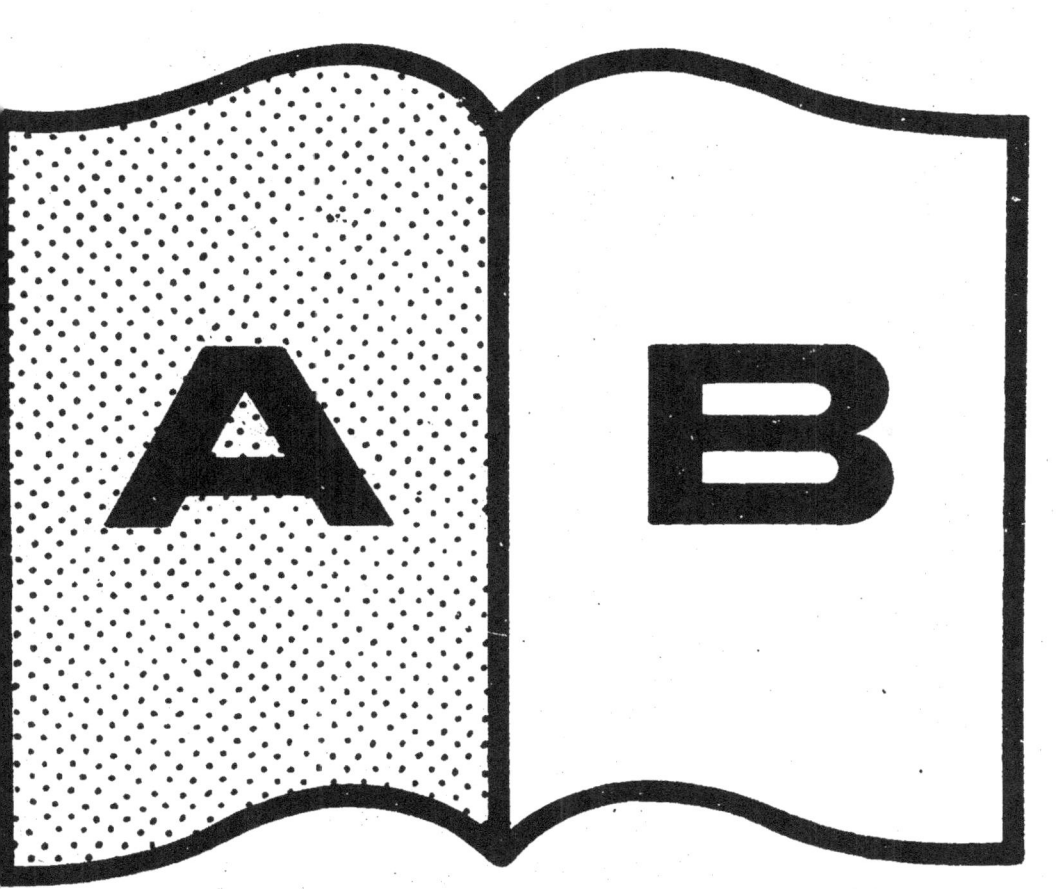

Contraste insuffisant

NF Z 43-120-14

de roi, guirlandes de lauriers en or et cartouches à enfants camée.

146 Un cabaret sur plateau à anses, composé de deux tasses litron, un pot au lait et un sucrier fond blanc et guirlandes de bleuets.

147 Un cabaret fond rose pointillé de blanc, cartouches à trophée divisé.

148 Un petit bol, bleu de Vincennes, cartouches avec oiseaux et entourages en or.

149 Un moyen bol, bleu turquoise, cartouches à festons et bouquets de rose, monté sur trépied en bronze doré.

150 Un pot au lait, rubané de bleu de roi et pendentif de fleurs fond blanc.

151 Une tasse à bouillon, fond bleu de roi avec pointillé rouge sur fond blanc, cartouches avec couronne de fleurs.

152 Une tasse à bouillon à feuille de choux et fleurs.

153 Une tasse à bouillon, à rubans bleu de roi avec parties blanches.

154 Une théyère bleu turquoise, cartouches en fleurs, entourage en or.

155 Une tasse bleu du roi, vermicelle d'or cartouches à oiseaux.

156 Une tasse bleu de Vincennes, cartouches à oiseaux coloriés, entourage en or.

157 Une tasse coquille verte, rehaussée de bleu, cartouches à oiseaux.

158 Un sucrier bleu turquoise, bandeau de rose sur fond blanc.

159 Un sucrier bleu de Vincennes, oiseaux en or, monté sur trépied en bronze doré.

160 Un sucrier bleu turquoise, cartouches à couronnes de fleurs.

161 Un grand pot à pâte, fond blanc, quadrilles en or, cartouches à paysages (le bouton du couvercle cassé).

162 Une théyère fond bleu, semée d'or, bandeau blanc avec couronnes de fleurs.
163 Un grand pot à pâte, fond bleu turquoise pointillé de blanc, cartouches à paysages, ledit renfermé dans une boîte de marqueterie de bois.
164 Un pot à pâte fond vert, cartouches à fleurs.
165 Un idem petit fond bleu de roi, vermicellé d'or, cartouche à oiseaux.
166 Une tasse à anses et couvercle (sans soucoupe), bleu turquoise, cartouche à paysage.
167 Une soupière ronde et son plateau à jour, hachures, blancs et bouquets.
168 Un broc et son bol à feuille de choux et fleurs.
169 Un arrosoir à filet bleu et bouquets.
170 Quatre saladiers à feuilles de choux et bouquets (vendus pour deux).
171 Une quantité d'assiettes de décors qui seront divisées.
172 Une assez grande quantité de tasses, écuelles et objets divers qui seront divisés.

PORCELAINE DE SAXE.

173 Deux aiguières en fond lilas, cartouche à paysages, monture rocaille doré. Haut. 11 pouces.
174 Une garniture de trois vases, fleurs et fruits en relief, enfant d'après Boucher, socle et gorge en bronze doré. Haut. 9 pouces.
175 Une garniture de 3 vases, imitation de Wateau avec fleurs en relief, monté sur terrasses oblongues en bronze doré ; l'un des vases fracturé. Haut. 11 pouces.
176 Deux vases avec fleurettes et oiseaux en relief, socle rocaille en bronze doré. H. 13 pouces.
177 Deux petits vases d'une jolie forme, semés de fleurettes bleues, demi-relief, médaillons à oiseaux et entourages

de fleurs en relief, socles, gorges et anses dorés. Hauteur, 6 pouces; l'un fracturé légèrement au pied.

178 Deux petits vases avec enfans et fleurs en relief, médaillons d'après Wateau, socles et gorges rocailles en bronze doré. Haut. 9 pouces.

179 Deux paires de flambeaux rocaille, fleurs en relief (divisé).

180 Deux id. à figures, le Printemps et l'Automne; socles rocaille en bronze doré (divisé).

181 Deux vases anses à tête de femme, médaillon camayeux vert d'après Wateau; socles et couvercles rocaille doré, or moulu. Haut. 16 pouces.

182 Deux plateaux à dentelles, cartouches à paysages.

183 Une figure marquis lorgnant.

184 Deux pots à l'eau et leurs bols, fond vert d'eau, cartouches à figures, genre tenure (divisé).

185 Deux jardinières en bronze doré avec plaques, figures d'après Wateau.

186 Deux chats, socles à jours en bronze doré.

187 Plusieurs figures et groupes, détaillés sous ce numéro; une quantité d'assiettes de décors divers qui seront divisées.

PORCELAINE DE CHINE ET DU JAPON.

188 Une pendule dans un vase en porcelaine de Chine, Céladon gaufré de la plus belle qualité, monté sur socle rocaille, entourage du cadran et anses appliquées en bronze doré. Haut. 21 pouces.

189 Deux aiguières en porcelaine de Chine, Céladon gaufré, montées sur socle rocaille, gorges et anses à dragons en bronze doré. Haut. 25 pouces.

190 Une paire de vases fond vert, en porcelaine de Chine, avec fleurs émaillées; le haut et le bas fond rouge, monté rocaille en bronze doré.

991 Une garniture de deux cornets et d'un vase à pans, des-

sin bleu et rouge, richement monté, rocaille en bronze doré.

192 Deux grands vases fond blanc avec fleurs rouges et branchages verts, monté rocaille avec socle, gorge et anses en bronze doré. Haut. 22 pouces.

193 Deux grands vases, bleu clair rehaussé de dessins en or, montés avec socles, gorges et anses en bronze doré, or moulu, rocaille. Haut. 23 pouces.

194 Deux grands vases en porcelaine bleu de roi, montés avec socles, gorges et anses à dragons en bronze doré. Hauteur, 26 pouces.

195 Un vase de milieu en craclé, monté avec anses, socle et gorge en bronze doré. Haut. 21 pouces.

196 Deux pots pourris en porcelaine de Chine, à dessins verts et rouges, socles montés avec anses et gorge rocaille doré. Haut. 17 pouces.

197 Deux pots pourris en porcelaine du Japon, montés sur socles à dauphins ; anses, gorges et boutons rocaille doré. Haut. 18 pouces.

198 Deux paires de vases porcelaine de Chine en fond vert avec fleurs émaillées, montés rocaille en bronze doré.

199 Deux vases en porcelaine de Chine, fond rouge, médaillons à figures, socles et gorges en bronze doré, l'un légèrement fracturé. Haut. 12 pouces.

200 Deux vases en porcelaine du Japon, à pans, dessins bleus et rouges, richement montés, rocaille, pied avec dauphins, anses et gorges en bronze doré.

201 Deux paires de vases, de forme carrée, angles coupés; fond rose, avec fleurs et fruits demi-relief, montés rocaille sur socles, gorges et anses à dragons en bronze doré, vendus par paire. Haut. 15 pouces.

202 Une paire de cornets de forme carrée, angles coupés, en porcelaine fond rose, fleurs et fruits demi-relief, montés sur socles rocaille, gorge et mascarons en bronze doré. Haut. 12 pouces.

203 Deux grands vases en porcelaine du Japon avec oiseaux et fleurs en relief sur fond noir, les couvercles surmontés de figures, richement montés, rocaille avec socle à dauphins, anses et gorges dorées. Haut. 29 pouces.
204 Deux bols bleu de roi avec dessins rehaussés d'or, montés avec socles et gorges rocaille, anses à dragons en bronze doré, or moulu.
205 Une garniture de 5 vases en porcelaine de Chine, à dessins rouges sur fond blanc.
206 Un pot pourri bleu turquoise, socle avec quatre magots monté en bronze doré.
207 Cinq grands vases plats en porcelaine du Japon, riches de décors, qui seront divisés.
208 Quantité de bols et diverses pièces en porcelaine du Japon, détaillés sous ce N°.

PORCELAINES DIVERSES.

209 Une très belle garniture de trois vases à anses en porcelaine, pâte tendre, côtes bleu turquoise et cannelures bleu de roi, vermicelle d'or, montés sur socles carrés à feuille, cannelures et tores de lauriers, guirlandes et pendentif de feuilles de vigne et raisins, le socle du vase du milieu avec 4 plaques en porcelaine de Sèvres; enfants d'après Boucher. Haut. 23 pouces.
210 Une paire de belles cassolettes en porcelaine fond rose, bandeaux de fleurs et cartouches à enfans, montées sur riche trépied à cariatides et guirlandes et groupes de fleurs et de fruits en bronze doré.
211 Deux vases ronds à couvercles en porcelaine moderne semée de muguets et branchages en relief surmonté d'une figure.
212 Deux vases en porcelaine fond rose avec oiseaux, montés en bronze doré.
213 Une cage en porcelaine bleu turquoise et fleurs relief.

214 Deux magots assis en ancienne porcelaine de Chantilly.
215 Une paire de vases en porcelaine fond rose et médaillons d'oiseaux avec branche de rose à une lumière en bronze doré.

ANCIENNE FAYENCE, TERRE, ÉMAUX ET OBJETS DIVERS.

216 Une fontaine en fayence ancienne, formée d'une coquille, supportée par un dragon et surmontée d'un dauphin, d'un triton et d'une nayade. Ladite fontaine sur une cariatide en bois sculpté.
217 Une grande plaque cintrée du haut, très ancienne fayence verte avec vierges en relief.
218 Un grand plat en terre de Faenza, Apollon sur le Parnasse entouré des Muses et des grands poètes de l'antiquité (cassé).
219 Deux bouteilles en terre de Faenza avec jeu d'enfans.
220 Un plat ovale à gaudrons en terre de Palissi.
221 Une saucière avec deux figures dans l'intérieur, l'Eté et l'Automne, en terre de Palissi.
222 Deux émaux de Limoges, l'Adoration des mages et la circoncision.
223 Une cannette gothique en grès avec figures.
224 Un joli cruchon en grès, d'une forme rare, le corps à trois compartimens, partie émaillée bleu.
225 Une bacchante assise, en marbre blanc, le bout des doigts des pieds avarié.
226 Un tableau en bois sculpté, d'un bon travail : le Christ sortant du tombeau.
227 Deux tableaux en poirier sculpté, même travail que le précédent, l'un, le Christ au tombeau ; l'autre, la Cène.
228 Une petite tasse en jade, forme festonnée, d'un précieux travail.
229 Environ vingt tableaux anciens, de différens maîtres, seront détaillés sous ce numéro.

www.ingramcontent.com/pod-product-compliance
Lightning Source LLC
Chambersburg PA
CBHW030112230526
45471CB00003B/1380